ISBN 978-3-219-11310-5

Umschlag, Illustrationen und Layout von Friederike Großekettler
Gesetzt nach der derzeit gültigen Rechtschreibung

im Verlag Carl Ueberreuter, Wien – München
Printed in Austria
3 5 7 6 4

Annette Betz im Internet: www.annettebetz.com

Thomas Schäfer-Elmayer

Der kleine Elmayer

Mein erstes Buch vom guten Benehmen

Mit Illustrationen von Friederike Großekettler

ANNETTE BETZ

Inhalt

Liebe Eltern,

in einer kleinen Gruppe fällt es leicht, Regeln zum möglichst reibungslosen Umgang miteinander zu vermitteln. Für Kinder gibt es deshalb die Chance, sich schon früh und ganz natürlich im familiären Umfeld das Allgemeinwissen des guten Benehmens anzueignen.
Im späteren Berufs- und Gesellschaftsleben bringt dieses Wissen entscheidende Vorteile. Außerdem sind Höflichkeit, Freundlichkeit, Zuvorkommen, Taktgefühl, Rücksichtnahme, Respekt, Hilfsbereitschaft und Manieren entscheidende Beiträge zur Lebensqualität.
Sich später im Selbststudium, in Seminaren und mit viel Mühe diese Bildung anzueignen, ist sehr viel schwerer. Oft gelingt dies erst nach Misserfolgen mit der Erkenntnis, wie schmerzhaft diese Bildungslücke sich auswirken kann. Vielen wird nie bewusst, dass es diese Faktoren sind, die ihrem Erfolg im Weg stehen.

Liebe Kinder,

die meisten Umgangsformen kommen von den europäischen Königs- und Fürstenhöfen – besonders dem französischen Königshof in Versailles. Daher stammt auch das Wort »höflich«. Inzwischen sind sie auf der ganzen Welt bekannt geworden. Von uns Europäern erwarten deshalb Menschen aus anderen Ländern, dass wir diese, unsere eigenen Sitten und Gebräuche, kennen und anwenden. Schon im Kindergarten und in der Schule sollten wir wissen, was sich bei uns gehört. So können wir anderen Kindern helfen, sich bei uns zurechtzufinden und wohlzufühlen. Diese Spielregeln helfen, unser Zusammenleben zu erleichtern, weil wir besser verstehen, was die anderen wollen.
Wie mit unseren Worten senden wir mit unserem Benehmen Botschaften an unsere Mitmenschen. Dieses Buch soll dir helfen, Grundbegriffe dieser »Sprache« kennenzulernen und dann möglichst gut zu beherrschen. Und es soll allen Kindern helfen, Fettnäpfchen in verschiedenen Situationen zu vermeiden. Ich wünsche eine vergnügliche Lektüre.

Thomas Schäfer-Elmayer

Der erste Eindruck

Sobald wir eine Person anschauen, machen wir uns ein Bild von ihr:

- Wie ist sie angezogen? Ordentlich oder lässig? Sportlich oder klassisch? Passend zur Situation?
- Wie sieht ihre Frisur aus? Gekämmt und sauber oder ungepflegt?
- Wie gepflegt ist sie insgesamt? Hat sie schmutzige Fingernägel? Wirkt sie ungewaschen oder achtet sie auf ihr Aussehen? Kann man sie riechen?
- Wie ist ihr Gesichtsausdruck? Traurig, fröhlich, offen, in sich gekehrt?
- Wie hält und bewegt sie die Hände? Entspannt, verkrampft, gekünstelt oder überschwänglich? Oder versteckt sie die Hände in den Hosentaschen?
- Wie geht und steht sie? Aufrecht oder gebeugt?
- Wie spricht sie? Langsam oder hektisch, undeutlich oder gut verständlich?
- Wie sind ihre Manieren? Kennt sie die Benimmregeln und hält sie sich daran?

Natürlich werden auch wir von den anderen mit diesen Fragen beurteilt, wenn uns jemand ansieht. Was können wir tun, damit wir einen guten Eindruck machen?

Freundschafts- und Familienregeln

Zuverlässig sein ist nicht immer einfach. Wer aber oft zu spät kommt, Verabredungen und Vereinbarungen nicht ernst nimmt und seine Aufgaben nicht ordentlich erfüllt, macht den anderen das Leben schwer. Du findest das bei anderen sicher auch nicht nett und solltest so etwas weder bei dir selbst noch bei anderen durchgehen lassen.

Dazu gehört, dass jeder selbst **Ordnung** hält, seine **Aufgaben** erfüllt und auf andere **Rücksicht** nimmt. Beispiele sind: die Körperpflege, Zimmer aufräumen, putzen helfen, Küchendienst, einkaufen gehen, Tiere zuverlässig versorgen und so weiter. Und vergiss nicht, dass jeder ab und zu ein bisschen Ruhe oder Zeit für sich braucht, so wie du auch.

Konflikte gibt es immer wieder im Leben. Man kann in der Familie üben, mit Meinungsverschiedenheiten richtig umzugehen. Ein ruhiges Gespräch oder eine Diskussion ist dabei am besten. Lautstarkes Streiten führt nur zu Ärger. Je besser du beim Streitschlichten bist, umso lieber werden andere deine Freunde sein. Versuch im Friedenstiften zum Weltmeister zu werden.

Bitte nicht neben anderen …

In der Nase bohren, Nase hochziehen, Rülpsen, Nägel kauen, Kaugummis ausspucken oder andere Dinge machen, die andere sicher abstoßen oder belästigen, machst du vermutlich ohnehin nicht. Aber manchmal denkt man über manche Dinge einfach zu wenig nach – auch zum Beispiel ein zu laut gedrehter MP3-Player in der Straßenbahn stört andere Leute.

Dass man sich über andere nicht lustig macht oder ihnen etwas Gemeines hinterherruft, versteht sich von selbst – wer Spaß daran hat, andere zu ärgern, macht sich keine Freunde. Bei Erwachsenen heißt das Mobbing. Und man selber möchte ja auch nicht, dass einem so etwas passiert. Flüstert man hinter dem Rücken über andere, zeigt mit dem Finger auf sie, streckt ihnen die Zunge heraus oder zeigt ihnen den Vogel, so darf man sich nicht wundern, wenn einen bald niemand mehr mag.

Kaugummi und anderen Unrat ordentlich zu entsorgen, ist für alle sehr wichtig, damit wir die Umwelt so sorgfältig behandeln wie möglich.

Beim Niesen, Gähnen und Husten halte dir die linke Hand vor den Mund – dann ist deine rechte auf jeden Fall immer sauber, wenn du jemanden triffst und ihm die Hand gibst. Und auf jeden Fall ist bei der nächsten Gelegenheit Händewaschen angesagt!

Vordrängeln ist eine Unart, die leider auch immer wieder gerne Erwachsene machen. Besonders Kinder werden oft einfach übersehen oder abgedrängt. Wenn dir das einmal passiert, dann solltest du höflich darauf hinweisen, dass du an der Reihe bist. Nur wenn sich jeder hinten anstellt und wartet, sind die Spielregeln für jeden gerecht.

Etwas **Ablehnen** ist nicht immer leicht, vor allem, wenn dir jemand etwas Verlockendes anbietet. Von Fremden solltest du aber niemals Süßigkeiten, Spielsachen und Ähnliches annehmen. Generell ist es in vielen Situationen wichtig, etwas höflich, aber bestimmt abzulehnen und rasch wegzulaufen. Ablehnen kannst du auch mit deiner Familie oder deinen Freunden üben – denn manchmal ist das gar nicht so einfach.

Hilfsbereitschaft schätzen die meisten Menschen ganz besonders. Anderen zu helfen ist ein wunderbares Gefühl für den, der hilft, und den, dem geholfen wird. Das kannst du probieren, wenn du älteren Leuten deinen Sitzplatz im Bus anbietest oder ihnen über die Straße hilfst, jemandem den Einkaufskorb trägst oder deiner Mutter etwas aufhebst, das ihr heruntergefallen ist. Meist wird man dir danken. Wenn nicht, hast du trotzdem ein gutes Gefühl.

Tischlein deck dich

Links vom Hauptteller liegt die Gabel, rechts liegen Messer und Suppenlöffel. Etwas weiter weg von dir stehen rechts die Gläser und links der Brotteller und der Salatteller. Die Serviette liegt links oder ist kunstvoll in der Mitte (zwischen Gabel und Messer) aufgebaut. Sobald du dich hingesetzt hast, legst du sie auf den Schoß, und du benutzt sie, um deinen Mund oder die Finger abzuwischen.

Beim **Essen** versuch möglichst gerade zu sitzen, am besten nahe an der Tischplatte und auf jeden Fall ohne die Ellbogen aufzustützen.
Mit der Gabel oder dem Löffel werden die Speisen zum Mund geführt – nie mit dem Messer, weil du dich dabei verletzen könntest. Dabei sind nur Daumen, Zeigefinger und Mittelfinger im Einsatz. Die anderen beiden Finger werden aber nicht weggespreizt.
Sicher weißt du auch schon, dass man mit dem Essen nicht spielt. Denk daran, dass viele Menschen froh wären, wenn sie genügend zu essen hätten.
Den Mund sollte man beim Essen geschlossen halten, wenn man etwas kaut – das sieht sonst für alle anderen nicht gerade appetitlich aus. Und lautes Schlürfen könntet ihr auf einem Kindergeburtstag als Wettbewerb veranstalten – aber ansonsten ist es für die anderen Leute am Tisch nur störend.

Wenn zum Essen Brot gereicht wird, brich dir kleine Stückchen ab, die gut in deinen Mund passen. Generell sollte alles, was du isst, erst mundgerecht geschnitten sein. Und ganz kleine Portionen der beliebten Spaghetti werden auf die Gabel aufgewickelt und nicht geschnitten – wenn du das gut kannst, kannst du deinen Freunden zeigen, wie Spaghetti in Italien gegessen werden.

Generell gilt: Wenn du nicht weißt, ob dir etwas schmecken wird, nimm nur ganz wenig davon – denn was du dir selbst genommen hast, solltest du auch aufessen.

Kindergarten

Der **Kindergarten** ist die Gelegenheit, Freundschaften zu schließen und gemeinsam tolle Spiele zu spielen. Am meisten Spaß macht das aber, wenn ihr euch alle an ein paar Regeln haltet. Niemand mag Streithähne und rücksichtslose Rüpel, die immer nur machen, was ihnen gerade einfällt. Zu den anderen freundlich sein und helfen – das wirkt auf jeden Fall besser.

Wer immer abseits steht, hat nur wenig Spaß. Trau dich ruhig, dich mit einzubringen, und wenn du einen **Fehler** machst, dann gib das ruhig zu, Fehler macht jeder mal, und es kommt immer am besten an, wenn man offen dazu steht und sich entschuldigt.

Wenn ihr gemeinsam in einer Runde sitzt, dann geht es chaotisch daher, wenn alle durcheinanderrufen. Vermutlich hat euch die Kindergärtnerin gesagt, dass ihr die **Hand heben** sollt, wenn ihr etwas sagen möchtet. Das ist sinnvoll – denn sonst würde jeder den Überblick verlieren.

Wird eine Uhrzeit vereinbart, versuch immer, **pünktlich** zu sein. Wenn deine Eltern sich verbummeln, dann darfst du sie ruhig ermahnen!

Im öffentlichen **Verkehr** seid ihr als Gruppe viel sicherer unterwegs, wenn ihr in Zweierreihen beisammenbleibt. Die Verkehrsregeln sind wie Benimmregeln auch zur besseren Verständigung und Sicherheit da.

Schule

In der **Schule** kann man viel Spaß haben. Doch natürlich geht jeder hauptsächlich hin, um etwas zu lernen, auch wenn das nicht immer so lustig ist.
Viele Dinge, die in der Schule wichtig sind, begleiten einen aber das ganze Leben hindurch. Gebildete Menschen – das sind Leute, die viel wissen – haben es auch im Leben leichter. Die Schulzeit ist die Zeit, in der du Gelegenheit hast, viel zu lernen.

Und es zählt dazu, sich an **Vereinbarungen** zu halten.
Dazu gehört zum Beispiel die **Pünktlichkeit**, denn wenn man sich an Verabredungen hält, zeigt man damit, dass man zuverlässig ist, auf andere Rücksicht nimmt und andere Menschen mag, Ordnung hält und sein Leben gut im Griff hat. Und man verschwendet dadurch weder die eigene Zeit noch die der anderen.

Noch sagen alle **Du** zu dir. Du solltest zu den Erwachsenen **Sie** sagen, außer, wenn es gute Freunde oder Bekannte sind und sie dir das Du angeboten haben.
Erst ab einem Alter von etwa 16 Jahren wirst auch du von den Leuten mit »Sie« angesprochen. Mit anderen Kindern bist du natürlich per Du.

Auch das Siezen zeigt den **Respekt** gegenüber Menschen, die älter und damit auch erfahrener sind. Nur wenn sich alle Menschen gegenseitig respektieren, kann das Zusammenleben auf der Welt funktionieren.

Sauberkeit, Kleidung, Äußeres

Unser Äußeres wirkt auf alle, die uns sehen und riechen, stärker als unsere Worte. Deshalb überleg dir gut, wie du auf andere wirken möchtest.
Schon ein Fleck, ein Loch oder ein abgerissener Knopf bedeuten für viele Beobachter, dass jemand ungepflegt ist.

Und **Abwechslung** ist doch lustiger als immer das Gleiche zu tragen. Tagein und tagaus in Turnschuhen herumlaufen ist langweilig. Probier doch mal aus, je nach Anlass etwas anderes anzuziehen, zum Beispiel als Mädchen ein hübsches Kleid und als Junge eine Stoffhose statt einer Jeans. Oder statt immer nur ein T-Shirt zu tragen, kann es vielleicht auch mal eine Bluse oder ein Hemd sein – du wirst merken, dass du dich darin gleich ganz anders fühlst und bewegst, wenn du etwas Schöneres trägst. Das werden auch die Menschen spüren, mit denen du zusammen bist.

Auf dem **Spielplatz** ist feine Kleidung fehl am Platz. Auf teure Sachen gibt man Acht, weil man weiß, dass sie viel kosten. Aber in der Schmuddelkleidung kannst du richtig herumtollen und Spaß haben, weil du nicht so sehr darauf aufpassen musst und sie gewaschen werden kann.
Wenn du dann von draußen ins Haus kommst, solltest du dir zumindest die Hände waschen und dich umziehen.

Wenn du ins Theater oder ein Konzert gehst, auf einer Hochzeit Blumen streust oder zu einem Kindergeburtstag eingeladen bist, dann erwartet jeder, dass du dich der dortigen Kleiderordnung anpasst und etwas Ordentliches trägst. Es könnte sonst die festliche Stimmung der Feier zerstören – und du würdest dich selbst gar nicht wohl fühlen, wenn du zwischen all den fein angezogenen Leuten nur in Jeans und Turnschuhen stehen würdest.
Die kannst du dann anziehen, wenn du zu einem Lagerfeuer oder einer Wanderung eingeladen bist.

Einladungen

Wenn du selbst ein **Fest** veranstaltest, solltest du ein paar Dinge beachten:

1. Wer soll kommen? Überlege dir, wer deine Gäste sein sollen.
2. Wann und wo soll die Feier stattfinden? Besprich das am besten mit deinen Eltern.
3. Was soll es zum Essen und Trinken geben? Etwas, das allen schmeckt und nicht zu aufwendig zu kochen ist, eignet sich am besten.
4. Wie möchtest du deine Gäste unterhalten? Bestimmt haben deine Eltern Ideen, welche Spiele ihr spielen könnt, wie ihr den Raum schmückt und ob es ein Motto geben soll (zum Beispiel »Piraten«).
5. Drei Wochen vorher solltest du die Einladungskarten verschicken. Darauf sollte stehen, wann und wo die Feier stattfindet. Dein Name, deine Adresse und Telefonnummer dürfen natürlich nicht fehlen. Und wenn du deinen Gästen noch einen Hinweis darauf gibst, was sie anziehen sollen, dann fühlen sich am Ende alle wohl.
6. Mach dir eine Liste, welche Dinge ihr für das Fest einkaufen müsst.
7. Überleg dir, wie das Fest ablaufen soll. Wenn du ein paar Ideen oder Spiele im Hinterkopf hast, falls etwas nicht planmäßig läuft, dann kann eigentlich nichts schiefgehen.
8. Überleg dir eine Tischordnung und bastle hübsche Tischkärtchen.
9. Bereite einen Tisch vor, auf den du die Geschenke stellen kannst. Du solltest die Geschenke gleich öffnen – jeder freut sich, wenn er sieht, dass sein Mitbringsel dir Freude bereitet.
10. Wenn die Feier vorbei ist, solltest du dich noch schriftlich bei deinen Gästen für den schönen Tag und die Geschenke bedanken.

Wenn du selbst irgendwo eingeladen bist, solltest du Schnittblumen mitbringen, die du unverpackt überreichst.
Und natürlich solltest du grundsätzlich gute Laune haben, denn jeder einzelne Gast ist mitverantwortlich für die Stimmung.

Andere Traditionen

In anderen Kulturen gibt es andere Sitten. Wenn man in einem fremden Land eingeladen ist, sollte man sich vorher erkundigen, welche **Bräuche** dort besonders wichtig sind.
Auch bei uns treffen wir oft auf Menschen, denen unsere Regeln fremd sind. Dann sollte man ihnen helfen, sie zu lernen.

Gut ist es immer, wenn du anderen Menschen erklären kannst, warum es manche Sitten bei uns gibt. Wenn dir also etwas unklar ist, dann frag bei Erwachsenen nach – sicherlich werden dir alle gerne helfen, damit du nicht in ein Fettnäpfchen trittst.